Dieses Buch gehört:

_____

Sei lieb zu diesem Buch!

Bisher erschienen:

Die kleine Motzkuh
Oder: Wie man die schlechte Laune verjagen kann

Klingelingeling macht
die kleine Motzkuh

ISBN 3-8157-2000-1

ISBN 3-8157-2184-9

5 4 3 2 1

ISBN 3-8157-2574-7

© 2002 Coppenrath Verlag, Münster
Alle Rechte vorbehalten, auch auszugsweise
Printed in China
www.coppenrath.de

Pass gut auf, kleine Motzkuh

Oder: Wie Kinder sicher im Straßenverkehr unterwegs sind

Ausgedacht und aufgeschrieben
von Annette Langen
Mit Bildern von Dorothea Ackroyd

COPPENRATH

Wenn Justus und Josefine nicht einen funkelnagelneuen Spielteppich und eine Mini-Ampel bekommen hätten, hätte die kleine Motzkuh nie diese tolle Idee gehabt. Du kennst sie bestimmt, die kleine Motzkuh, oder?

Ehe du dich versiehst, kommt sie durchs Fenster geflogen. Oder sie huscht einfach durch eine Ritze, so winzigklein ist sie. Dann landet die kleine Motzkuh irgendwo, ganz heimlich, wartet, bis sie lautes Schimpfen hört, und – schwupp – fliegt sie fröhlich weiter. Denn sie ärgert furchtbar gern andere Menschen. Und ihre besten Freunde, das sind der kleine Brüll-Löwe, das kleine Mecker-Schaf und das kleine Quengel-Monster, die ärgern andere genauso gern.

An dem Tag, als die kleine Motzkuh plötzlich den funkelnagelneuen Spielteppich im Kinderzimmer von Justus und Josefine entdeckte, da wusste sie sofort, dass das ein besonders lustiger Tag werden würde. Hast du nicht gesehen flog sie – schwupp durchs Schlüsselloch – und kam kurz darauf mit ihren besten Freunden zurück.

Schon ging es los: Die kleine Motzkuh sprang in das rote Feuerwehrauto und fuhr mit Tatü-tata um die Kurve. Tatü-tata – leider stand dort das kleine Quengel-Monster im Weg. Es hatte die Ampel auf Rot geschaltet.
„Du musst anhalten, siehst du nicht, dass die Ampel rot ist?", quengelte das kleine Quengel-Monster. „Ich bin die Feuerwehr", motzte die kleine Motzkuh, „Bahn frei für meinen Rettungseinsatz, aber dalli!"
Das hatte der kleine Brüll-Löwe gehört. „Weg da", brüllte er, „ich bin die Formel 1!" Und mit lautem Brrrrummmm sauste er im blauen Rennwagen über den Spielteppich. Das ärgerte das kleine Mecker-Schaf.
„Solche Verkehrsrüpel gehören s o f o r t ins Gefängnis.
Ich will s o f o r t das Polizeiauto",
meckerte es.

Doch bevor das kleine Mecker-Schaf den Rennfahrer-Verkehrsrüpel verhaften konnte, krachte das kleine Quengel-Monster mit der Dampflok gegen die Ampel. Die kippte natürlich sofort um. Das Polizeiauto mit dem kleinen Mecker-Schaf konnte nicht mehr bremsen und landete auf der Lok. Die kleine Motzkuh musste so lachen, dass ihr Feuerwehrauto in den Teich sauste. Und der kleine Brüll-Löwe brüllte, denn sein Rennauto hatte plötzlich ein Hinterrad verloren.

Das Geschrei im Kinderzimmer war groß! „Aua, aua, mein Zeh tut so weh!", schrie das kleine Mecker-Schaf. „Das ist alles nur passiert, weil ihr nicht auf mich gehört habt", quengelte das kleine Quengel-Monster. „So was Blödes", motzte die kleine Motzkuh. Dazu brüllte der kleine Brüll-Löwe so laut er konnte: „Hilfe, zu Hilfe, rettet mein Rennauto!"

Wie gut, dass Justus und Josefine in diesem Moment aus dem Kindergarten kamen. Denn selbst Mama hatte die seltsamen Geräusche oben aus dem Kinderzimmer gehört und hätte dort fast nach dem Rechten geschaut. Schnell liefen Justus und Josefine die Treppe hinauf und rissen die Kinderzimmertür auf. „Na, so was!", sagte Josefine verdutzt. Justus sagte gar nichts – und das will schon was heißen – denn ihm fehlten die Worte. Aber dann schnappte er sich den Krankenwagen und sauste damit zur Unfallstelle. Tatü-tata, tatü-tata machte die Sirene und das Blaulicht blitzte. „Keine Angst, ich rette euch! Ihr müsst alle ins Krankenhaus und Medizin nehmen", rief Justus. „Genau, und ich bin die Ärztin", rief Josefine begeistert.

So kam es, dass die kleine Motzkuh, das kleine Quengel-Monster, der kleine Brüll-Löwe und das kleine Mecker-Schaf den Rest des Tages im Karton-Krankenhaus verbringen mussten. Die Medizin schmeckte richtig eklig, aber sie wirkte. Denn als die kleine Motzkuh abends wieder so motzte, dass die Wände wackelten, da wussten Justus und Josefine, dass alle vier bald wieder ganz gesund sein würden.

Und richtig, am nächsten Morgen wurden Justus und Josefine davon wach, dass die kleine Motzkuh, das kleine Quengel-Monster, der kleine Brüll-Löwe und das kleine Mecker-Schaf wild über ihren Kopfkissen herumflogen und riefen: „Wann geht's los? Wir wollen spielen!"

Justus und Josefine gähnten, aber dann kletterten sie aus dem Bett. Sie stellten die Ampel wieder auf, zogen die Autos aus dem Graben und das Feuerwehrauto aus dem Teich heraus. Dem Rennauto wurde sein Rad wieder angeschraubt und der kleine Brüll-Löwe brüllte überglücklich: „Danke, vielen Dank!"

Doch Justus und Josefine hatten kaum die Eisenbahnschienen aufgebaut, da sausten die kleine Motzkuh und ihre besten Freunde in ihren Autos auf dem Spielteppich kreuz und quer umher, sodass einem fast schwindelig wurde. Dabei schrien sie: „Platz da!" – „Aus dem Weg" – „Achtung, hier komm ich!"… Es fehlte nicht viel und es wäre ein neuer Unfall passiert.

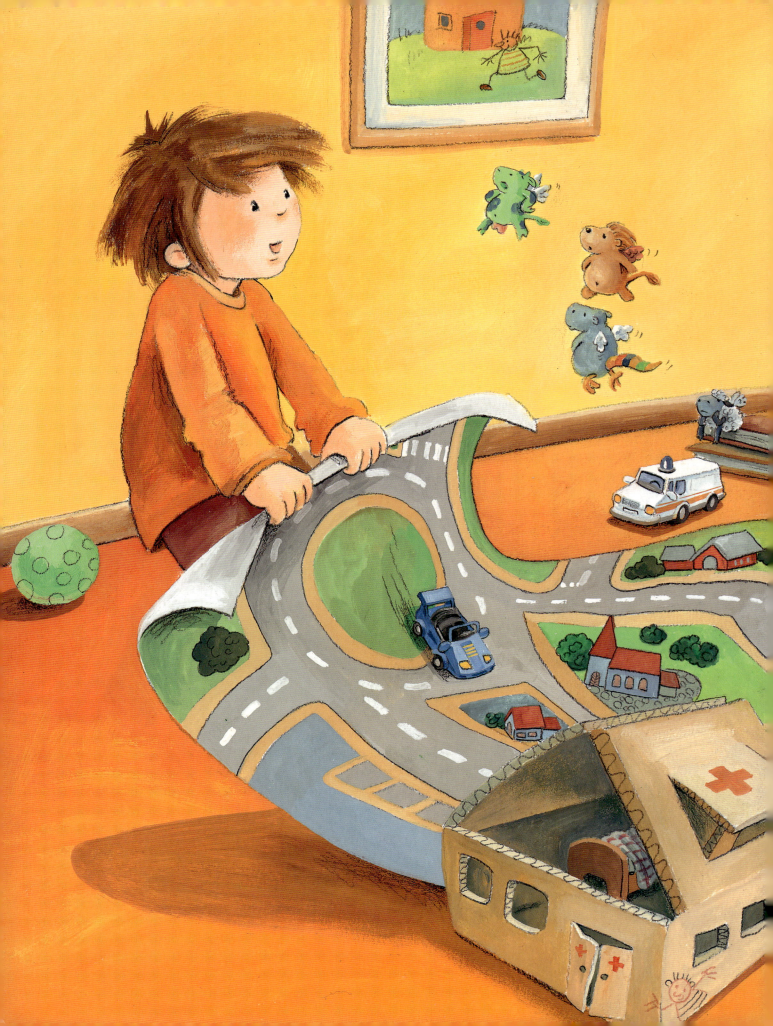

„So geht das aber nicht!", sagte Josefine. „Ihr könnt das vernünftig miteinander besprechen!" Das sagten die beiden Erzieherinnen, Nicole und Daniela, aus ihrer Kindergarten-Gruppe nämlich auch immer. „Was soll ich?!?", motzte die kleine Motzkuh. „Ich soll das besprechen? Ich bin doch keine Besprech-Kuh, sondern eine Motzkuh – und die muss motzen, dass die Wände wackeln!" Doch Justus und Josefine sagten: „Nein, so geht das nicht!", und fast hätten sie den Spielteppich aufgerollt. Da merkten die kleine Motzkuh und ihre besten Freunde, dass sie so nichts erreichen und etwas kleinlaut fragten sie: „Was sollen wir denn machen, damit wir hier alle spielen und fahren können?"

„Ganz einfach", sagte Justus, „damit im Straßenverkehr kein Unfall passiert, gibt es Regeln, an die sich alle halten müssen." – „Genau", rief Josefine, „Autos und andere Fahrzeuge gehören auf die Fahrbahn. Radfahrer auf den Radweg und Fußgänger auf den Gehweg. Den Verkehr regeln Straßenschilder, Ampeln und Zebrastreifen."

Die kleine Motzkuh flog neugierig zum Zebrastreifen. „Pah, solche komischen Streifen", motzte sie, „wofür sollen die denn gut sein?" Da erklärte Justus, dass auf dem Zebrastreifen Fußgänger Vortritt vor jedem Fahrzeug haben. Darum sollten Fußgänger die Straße am besten an einem Zebrastreifen oder an einer Ampel überqueren.

„Wenn der kleine Brüll-Löwe mit seinem Rennwagen anhalten muss, dann bin ich der Fußgänger", rief die kleine Motzkuh. „Los geht's!" Und siehe da, plötzlich konnte das Rennauto vor dem Zebrastreifen anhalten, die kleine Motzkuh schaute zwei Mal in beide Richtungen und schließlich spazierte sie über den Zebrastreifen. „Das dauert aber lange", brüllte der kleine Brüll-Löwe ungeduldig, aber er fuhr erst los, als die kleine Motzkuh den Zebrastreifen überquert hatte.

„Und was ist, wenn es keinen Zebrastreifen und keine Ampel gibt?", meckerte das kleine Mecker-Schaf.
„Ist doch klar wie Kloßbrühe", motzte die kleine Motzkuh, „dann musst du besonders gut aufpassen!" Josefine verriet, wie das richtig ging. „Die Bordsteinkante heißt STOPP. Du bleibst ein Stück davor stehen und schaust mehrmals in beide Richtungen, ob da Autos kommen. Wenn keins kommt, dann gehst du geradeaus über die Fahrbahn."

Wieder stiegen der kleine Brüll-Löwe und das kleine Quengel-Monster in ihre Autos und fuhren los. Justus stellte die Ampel ein und als sie von Gelb auf Rot umsprang, blieben sie stehen. Die kleine Motzkuh wartete, bis die Fußgängerampel grün war, und dachte sogar daran, zuerst nach links und rechts zu schauen, und sie gingen erst hinüber, als die Autos stehen blieben. Aber als niemand hinschaute, schnappte sie sich das Ampelschild. Es sah fast so lecker wie ein Lutscher aus… und da musste sie doch heimlich ein bisschen davon probieren. „Bäh, schmeckt nicht", rief sie und stellte das Schild zurück. Da lachten Justus und Josefine, bis sie fast Bauchweh bekamen.

„Guckt mal", sagte Josefine und klappte eine kleine Kiste auf. „Hier gibt es noch viel mehr Verkehrsschilder. Jedes hat eine besondere Bedeutung. Ratet mal, wo die hinkommen!"

„Das sieht doch jeder", motzte die kleine Motzkuh und schnappte sich ein Schild, auf dem eine Kuh in einem roten Dreieck stand. „So viel steht fest, das ist für mich", sagte sie etwas geschmeichelt.

Dann entdeckte sie ein blaues Schild mit einem Zebrastreifen und flog damit zum Zebrastreifen.

Das kleine Quengel-Monster fand das dreieckige Schild mit der Eisenbahn am schönsten. Es musste nicht lange überlegen und stellte es an den Bahnübergang. „Ich weiß, was das heißt", rief es, „Achtung, hier kommt ein Zug!"

„Dieses Schild steht in groß draußen in eurer Straße", brüllte der kleine Brüll-Löwe aufgeregt. Justus nickte: „Es zeigt an, dass wir in einer Spielstraße wohnen, in der die Kinder auf der Straße spielen dürfen. Hier müssen die Autos ganz langsam fahren." Dann entdeckten sie noch das Schild für den Radfahrweg, aber weil sie kein kleines Fahrrad hatten, kam es gleich in die Kiste zurück. Die kleine Motzkuh stellte noch ein blaues Schild auf. „Damit das ganz klar ist", sagte sie streng, „dieser Weg ist nur für Fußgänger."

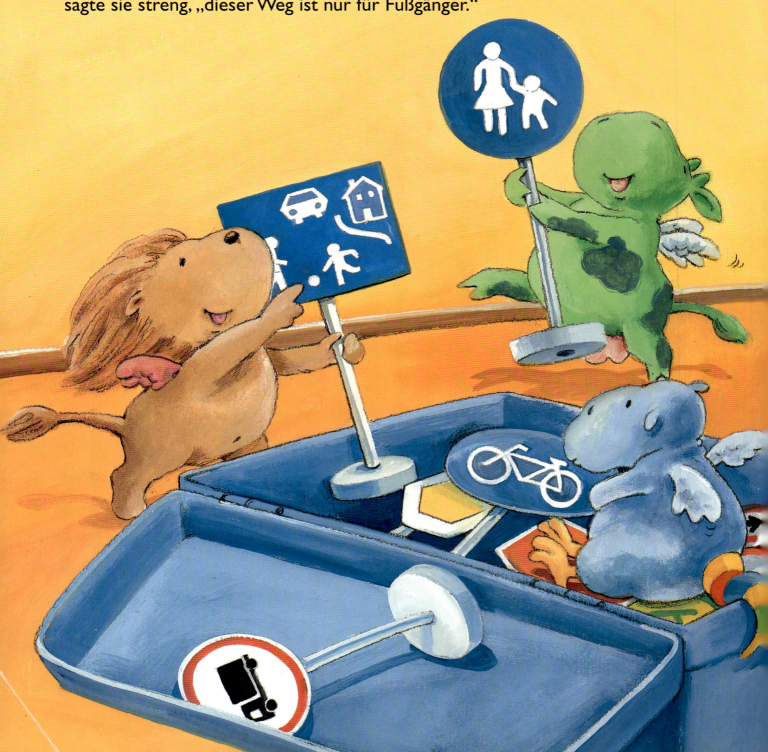

Das kleine Mecker-Schaf rannte mit dem Stopp-Schild umher und rief immerzu: „Stopp, anhalten, Polizei!" Wie gut, dass Justus und Josefine so geduldig waren. Denn sie erklärten, dass Stopp-Schilder fest an einer Kreuzung stehen und alle Fahrzeuge dort anhalten müssen.

Was das kleine Mecker-Schaf dann machte, willst du wissen? Es war der Polizist und passte auf, dass sich alle an die Verkehrsregeln hielten. Es hatte auch den Schlüssel zum Schuhkarton-Gefängnis. Dort wollte es alle Verkehrsrüpel einsperren. Aber heute gab es keine – leider! Das kleine Mecker-Schaf hätte fast angefangen zu meckern. Aber dann baute es mit Josefine aus Bauklötzen die Stadt auf, aus dem Gefängnis wurde der Bahnhof und schon kam die Dampflok mit dem kleinen Quengel-Monster am Bahnhof an.

So spielten Justus und Josefine mit der kleinen Motzkuh und ihren besten Freunden. Sie spielten, bis Mama und Papa laut riefen, dass es jetzt aber wirklich Zeit zum Abendessen sei. Nun parkten sie die Autos im Parkhaus und die Lok im Bahnhof und liefen nach unten ins Esszimmer. Als sie später nach oben ins Kinderzimmer kamen, da fanden sie: eine schnarchende kleine Motzkuh, ein friedlich schlummerndes Quengel-Monster, einen schlafenden Brüll-Löwen und ein verträumtes Mecker-Schaf.

Und weil es schon soooo spät war und der Mond zum Fenster hereinschaute, huschten Justus und Josefine schnell in ihre Betten und ehe sie sich versahen, waren sie eingeschlafen. Wovon sie träumten, willst du wissen? Wer weiß, vielleicht triffst du sie ja heute Nacht im Traum und dann fahrt ihr zusammen mit den Autos und der Eisenbahn auf dem funkelnagelneuen Spielteppich.

Liebe (Groß-)Eltern,

bestimmt haben auch Sie dieses Buch ausgesucht, weil das Thema Verkehrserziehung in Ihrer Familie aktuell ist. Fragen Sie sich auch, was Ihr Kind in welchem Alter als Verkehrsteilnehmer können und wissen sollte? So ging es mir und zugleich wollte ich wissen, wie ich meine Kinder darin unterstützen kann, sich sicher im alltäglichen Straßenverkehr zu bewegen.

Natürlich ist uns bewusst, dass Kinder gefährdet sind, weil sie – genau wie die kleine Motzkuh und ihre Freunde – sehr spontan reagieren können und leicht ablenkbar sind. Uns ist klar, dass Kinder kaum über parkende Autos hinwegsehen können. Aber wussten Sie schon, dass Kinder ein engeres Blickfeld als Erwachsene haben und seitlich herankommende Fahrzeuge erst später bemerken? Dass sie Geräusche nur schlecht orten und so die Richtung eines hupenden Autos nicht rechtzeitig erkennen können? Dass Kinder erst im Grundschulalter die Geschwindigkeiten und Bremswege einigermaßen richtig einschätzen können?

Gerade weil Kinder den Anforderungen des Straßenverkehrs in vieler Hinsicht nicht gewachsen sind, brauchen sie unsere Unterstützung. Denn sie lernen sehr vieles durch die Nachahmung der Eltern. So ist es besonders wichtig, dass wir uns im Straßenverkehr vorbildlich verhalten und Kindern diese Grundregeln für Fußgänger vermitteln:

- Ihr Kind sollte immer an der verkehrsabgewandten Seite, der Häuserseite, gehen.
- Nehmen Sie einen kleinen Umweg in Kauf um die Straße an einem gesicherten Überweg zu überqueren.
- An einer Ampel warten Sie konsequent, bis sie Grün zeigt. Erklären Sie Ihrem Kind, dass man trotzdem noch in beide Richtungen schauen muss um sicherzustellen, dass die Autos auch angehalten haben. Erst dann hinübergehen!
- Auch am Zebrastreifen zweimal in beide Richtungen sehen und warten, bis herankommende Autos angehalten haben. (Da Kinder bis zum Grundschulalter rechts und links nicht eindeutig zuordnen können, schauen Sie am besten immer zweimal in beide Richtungen!)
- Bei Fahrbahnüberquerungen ohne Ampel oder Zebrastreifen zweimal langsam nach beiden Seiten schauen. Wenn kein Fahrzeug kommt, auf dem kürzesten Weg (geradeaus) über die Straße gehen.